PAPER SOLDIERS BY G.AIMARETTI XVIII C.

ITALIAN

XVIII CENTURY UNIFORMS

SERIES EDITED BY

LUCA STEFANO CRISTINI

AUTHOR

Guglielmo Aimaretti Born in Villafranca Piemonte, in the Italian province of Turin, lived in Turin up to 1971 where he has developed the studies, currently it resides in a small city named Benevello in the province of Cuneo where He is a teacher of Artistic Disciplines at Alba. He has illustrated for the EMI (Italian Military Publisher) the volume "The Austrian army, 1805/1815" and a series of printed postcards in numbered series. For the Italian publishing Brotto of Vicenza, he has realized different series of historical /commemorative postcards; for the Edistar of Saluzzo and the Museum of the Uniforms of the Italian army of Castellar a series of tables devoted to the light horsemen; a historical- uniformologic murales has been painted on a wall of the town building of Rittana (CN); the Museum of the battle of Mondovì exposes six height real figures of Sardinian and French soldiers of 1796 year. Also several works in original, water-colors, tempers, oils, are etc in private collections in Italy, France, U.S.A.; Monographic jobs, illustrations and text, have been published by the magazines: Armi, Panoplia, La Sabretache (Paris), Le Bivouac (Toulon), Il Soldatino, Cuneo association1744, Soldatini, Tuttosoldatini. He has illustrated for the not Lyon historian , Mr. J.Perconte some studies on the Italic army of Napoleonic era. He realizes and it directly edits a large series of uniformologic tables and paper soldiers of various historical periods, but mainly of the '700 and '800. Aimaretti continuously collaborates currently with the Italian magazine "Tuttosoldatini." And he is a founder member of the Association of Uniformology and Military scale models "Cuneo 1744", member of "La Sabretache" of Paris and de "Le Bivouac" of Tolone.

PUBLISHING'S NOTE

None of **unpublished** images or text of our book may be reproduced in any format without the expressed written permission of Soldiershop.com when not indicate as marked with license creative commons 3.0 or 4.0. The publisher remains to disposition of the possible having right for all the doubtful sources images or not identifies. Our trademark: Soldiershop Publishing @, The names of our series: Soldiers&Weapons, Battlefield, War in colour, PaperSoldiers, Soldiershop e-book etc. are herein @ by Soldiershop.com.

PAPER SOLDIERS SERIES

La collana è dedicata alla storia e alla collezione de mitici soldatini di carta o ai soldatini da wargame. In ogni volume preziose raccolte di soldatini stampati il secolo scorso (e anche prima), provenienti dalle nostre collezioni, ma anche nuovi figurini realizzati con abile maestria dai nostri bravi autori. Sempre con l'intento di fornirvi illustrazioni di grande qualità.

RINGRAZIAMENTI E CREDITI FOTOGRAFICI - PHOTOGRAPHIC CREDITS:

Le tavole sono generalmente opera dell'autore o dell'illustratore indicato. La gran parte del resto dell'iconografia usata appartiene all'archivio dell'editore, foto scattate dall'autore, o materiale di amici collezionisti. L'Editore rimane in ogni caso a disposizione degli eventuali aventi diritto per tutte le fonti iconografiche dubbie o non identificate.

Title: **PAPER SOLDIERS BY G.AIMARETTI - UNIFORMS OF XVIII CENTURY**
Serie edit by Luca S. Cristini. First edition by Soldiershop. September 2019
Cover & Art Design: Luca S. Cristini. ISBN code: 978-88-93274876
Published by Luca Cristini Editore, via Orio 35/4- 24050 Zanica (BG) ITALY. www.soldiershop.com

PAPER SOLDIERS BY G. AIMARETTI XVIII c.

ITALIAN XVIII CENTURY UNIFORMS

SERIES EDITED BY
LUCA STEFANO CRISTINI

THE UNIFORMS PAINT BY GUGLIELMO AIMARETTI

Guglielmo Aimaretti Born in Villafranca Piemonte, in the Italian province of Turin, lived in Turin up to 1971 where he has developed the studies, currently it resides in a small city named Benevello in the province of Cuneo where He is a teacher of Artistic Disciplines at Alba. Since the youth collector and student of historical-military documentation he has placed both his activity of teacher of pictorial and sculptural practice and illustrator in the circle of uniformologic interests, collaborating with the specialized book publishing.

He has illustrated for the EMI (Italian Military Publisher) the volume "The Austrian army, 1805/1815" and a series of printed postcards in numbered series. For the Italian publishing Brotto of Vicenza, he has realized different series of historical /commemorative postcards; for the Edistar of Saluzzo and the Museum of the Uniforms of the Italian army of Castellar a series of tables devoted to the light horsemen; a historical-uniformologic murales has been painted on a wall of the town building of Rittana (CN); the Museum of the battle of Mondovì exposes six height real figures of Sardinian and French soldiers of 1796 year. Also several works in original, water-colors, tempers, oils, are etc in private collections in Italy, France, U.S.A.; Monographic jobs, illustrations and text, have been published by the magazines: Armi, Panoplia, La Sabretache (Paris), Le Bivouac (Toulon), Il Soldatino, Cuneo association 1744, Soldatini, Tuttosoldatini. He has illustrated for the not Lyon historian, Mr. J.Perconte some studies on the Italic army of Napoleonic era. He realizes and it directly edits a large series of uniformologic tables and paper soldiers of various historical periods, but mainly of the '700 and '800. Aimaretti continuously collaborates currently with the Italian magazine "Tuttosoldatini." And he is a founder member of the Association of Uniformology and Military scale models "Cuneo 1744", member of "La Sabretache" of Paris and de "Le Bivouac" of Tolone.

ITALIAN TEXT

Guglielmo Aimaretti Nato a Villafranca Piemonte, in provincia di Torino, vissuto a Torino fino al 1971 dove ha svolto gli studi, attualmente risiede a Benevello in provincia di Cuneo ed è docente di Discipline Artistiche ad Alba. Fin dalla giovinezza collezionista e cultore di documentazione storico-militare ha affiancato all'attività docente e alla pratica pittorica e scultorea quella di illustratore nell'ambito uniformologico collaborando con l'editoria specializzata.

Ha illustrato per la EMI (Editrice Militare Italiana) il volume "L'esercito Austriaco, 1805/1815" ed una serie di cartoline stampate in serie numerata. Per l'editore Brotto di Vicenza diverse serie di cartoline storico/celebrative; per la Edistar di Saluzzo ed il Museo delle Uniformi dell'Esercito Italiano di Castellar una serie di tavole dedicate ai Cavalleggeri; un murales storico/uniformologico è stato dipinto su una parete del palazzo comunale di Rittana (CN); il Museo della battaglia di Mondovì espone sei figurini ad altezza reale di soldati piemontesi e francesi del 1796; numerose opere in originale, acquerelli, tempere, oli, ecc, sono in collezioni private in Italia, Francia, U.S.A.; Lavori monografici, illustrazioni e testo, sono stati pubblicati dalle riviste: Armi, Panoplia, La Sabretache (Paris), Le Bivouac (Toulon), Il Soldatino, Cuneo 1744, Soldatini, Tuttosoldatini. Ha illustrato per lo storico di Lione, J.Perconte i suoi fascicoli di studi sull'Esercito Italico d'epoca napoleonica. Realizza ed edita direttamente serie di tavole uniformologiche e di soldatini di carta di vari periodi storici, ma principalmente del '700 e '800. Attualmente collabora continuativamente con la rivista italiana "Tuttosoldatini". E' membro fondatore dell'Associazione di Uniformologia e Figurinistica Militare "Cuneo 1744", membro de "La Sabretache" di Parigi e de "Le Bivouac" di Tolone. Concludono questo primo volume soggetti di uniformologia italiana dell'800.

THE PLATES
OF XVIII CENTURY

Reggimento Guardie - Ducato di Savoia 1665-1675

Moschettieri francesi 1670

Moschettieri francesi 1670

Ducato di Savoia
Regg.° di Guardia - assedio di Torino
1706 ~ assalto ~

Ufficiale — Sergente dei Granatieri — Granatiere

Granatiere — Granatiere — Granatiere

G. Aimaretti

Tamburino — Granatiere — Granatiere — Granatiere

Aouste.

Ufficiale — Sergente Fucilieri — Fuciliere — Granatiere — Tamburino — Insegna con "ordinanza"

G. Aimaretti

Verceil.

Ufficiale — Sergente Fucilieri — Fuciliere — Granatiere — Tamburino — Insegna con "Ordinanza"

Asti

Ufficiale — Sergente Fucilieri — Fuciliere — Granatiere — Tamburino — Insegna con "Ordinanza"

G. Aimaretti

Pinerolo

Ufficiale — Sergente Fucilieri — Fuciliere — Granatiere — Tamburino — Insegna con "Ordinanza"

Chablaix.

Ufficiale — Sergente — Fucilieri — Fuciliere — Granatiere — Tamburino — Insegna con "ordinanza"

G. Aimaretti

Turin.

Ufficiale — Sergente — Fucilieri — Fuciliere — Granatiere — Tamburino — Insegna con "ordinanza"

Tarantaise.

Ufficiale — Sergente Fucilieri — Fuciliere — Granatiere — Tamburino — Insegna con "ordinanza"

G. Aimaretti

Nice.

Ufficiale — Sergente Fucilieri — Fuciliere — Granatiere — Tamburino — Insegna con "ordinanza"

Ufficiale — Sergente Fucilieri — Fuciliere — Granatiere — Tamburino — Insegna con "Ordinanza"

G. Aimaretti

Ufficiale — Sergente Fucilieri — Fuciliere — Granatiere — Tamburino — Insegna con "ordinanza"

Reggimento Guardie Savoia 1717

Reggimento Guardie Savoia 1717

Reggimento Piemonte Reale 1717

Reggimento Dragoni Genevois 1717

Timballieri dei Dragoni di S.M. Regno di Sardegna 1720

Cornette delle Guardie del Corpo di S.M. Regno di Sardegna 1720

Comandante delle Guardie del Corpo di S.M. Regno di Sardegna 1720

Portastendardo del reggimento Savoia - Regno di Sardegna 1720

Soldati e cantiniera reggimento svizzero Rehbinder Regno di Sardegna 1720

Soldati del reggimento Savoia - Regno di Sardegna 1720

Reggimento Dragoni Piemonte Regno di Sardegna 1720

Cornette Reggimento Dragoni Piemonte Regno di Sardegna 1720

Soldati del Reggimento Desportes Regno di Sardegna 1720

Soldati del Reggimento Marina Regno di Sardegna 1720

Soldati del Reggimento svizzero Hackbrett - Regno di Sardegna 1720

Granatieri dei Reggimenti Monferrato e Saluzzo - Regno di Sardegna 1720

Soldati dei Reggimenti Torino e Asti - Regno di Sardegna 1720

Soldati del Reggimento Gioene - Regno di Sardegna 1720

Soldati del Reggimento Gioene - Regno di Sardegna 1720

Soldati del Reggimento Valguranera - Regno di Sardegna 1720

Colonello e fuciliere del Reggimento Guardie - Regno di Sardegna 1720

Compagnia ussari del Regno di Sardegna 1734

Soldati del Reggimento Valguranera - Regno di Sardegna 1720

Regno di Sardegna
1740-1750
Regg.º "Sicilia"
Tav. nc 1

Ufficiale — Caporale con stendardo (in custodia)

Tamburo Maggiore — Tamburino — Piffero

sergente granatieri — granatiere — almaretti

Reggimento Piemonre Reaale 1740-1750

Reggimento Piemonre Reaale 1740-1750

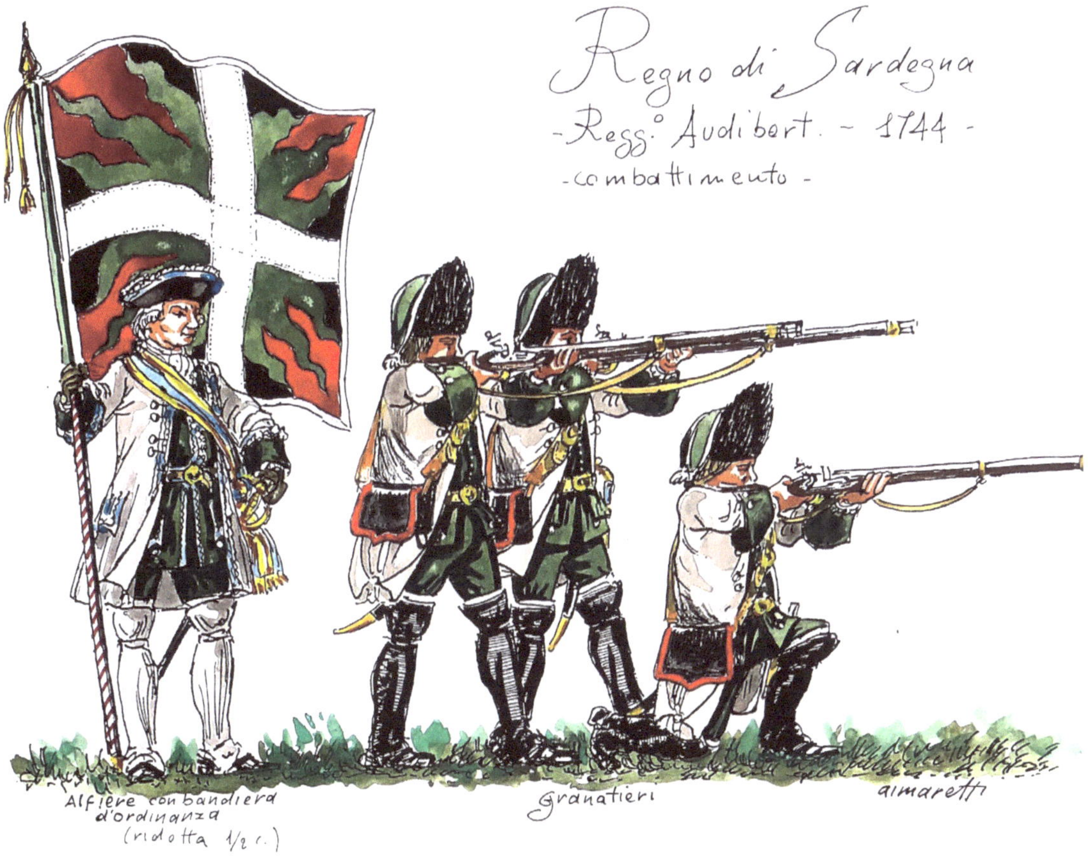
Regno di Sardegna
-Regg.° Audibert. - 1744 -
-combattimento -
Alfiere con bandiera d'ordinanza (ridotta 1/2 c.)
granatieri
aimaretti

Sergente dei fucilieri
fucilieri

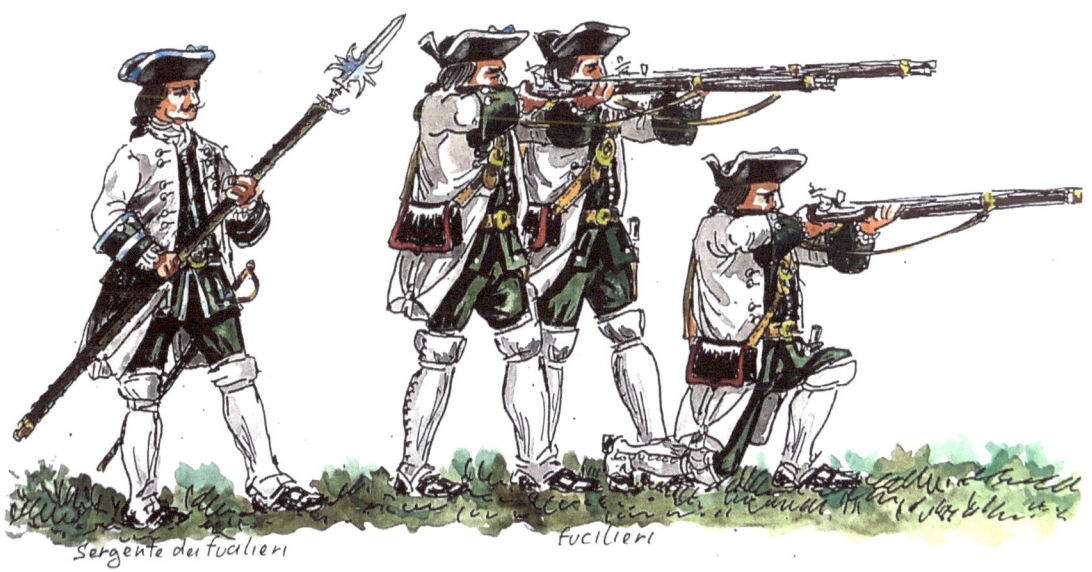

Regno di Sardegna
"Assedio di Cuneo"
Regg° "Piemonte Reale"
1744.
Galoppo (sciabola)
Tav. no 1

UFFICIALE

CAVALIERE

Musicanti Reggimento Guardie, Savoia 1744

Musicanti Reggimento Guardie, Savoia 1744

Reggimento Casale - Regno di Sardegna 1744

Reggimento Casale - Regno di Sardegna 1744

UFFICIALE — FUCILIERE

G. Aimaretti

ALFIERE — TAMBURO — CAPORALE — FUCILIERE

Bandiera d'ordinanza
(ridotta 1/2 c)

PAPER SOLDIERS ALREADY PUBLISHED
(SOME TITLES)

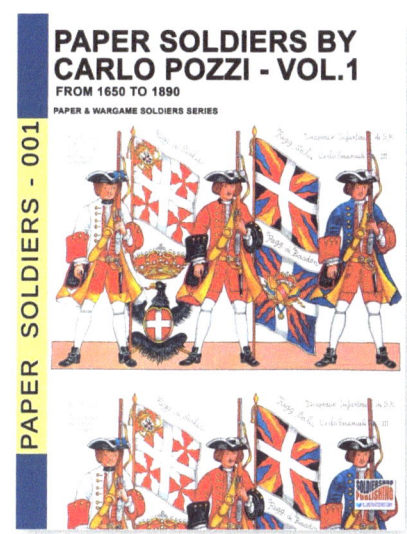
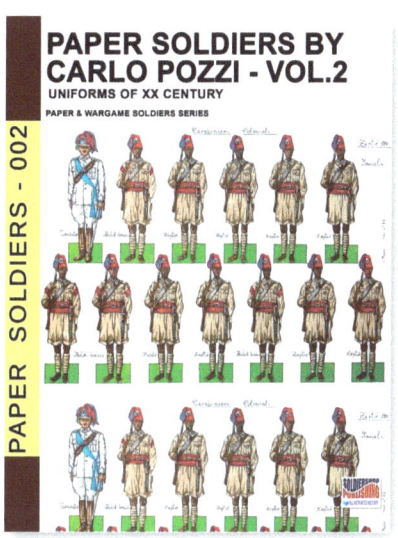
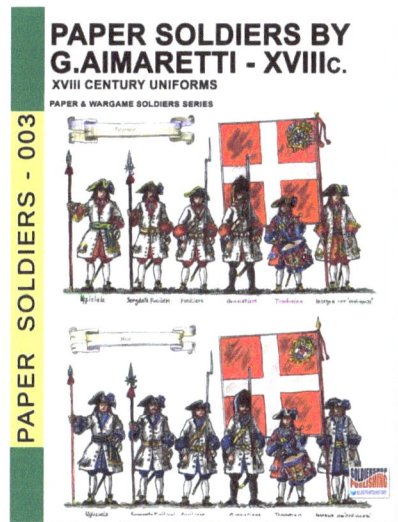

www.ingramcontent.com/pod-product-compliance
Lightning Source LLC
Chambersburg PA
CBHW041958150426
43193CB00003B/49